Mein Schreibbilderbuch

Anton
mit dem blauen Schwanz

W0396939

E

A

E

T

E

S

R

T

L

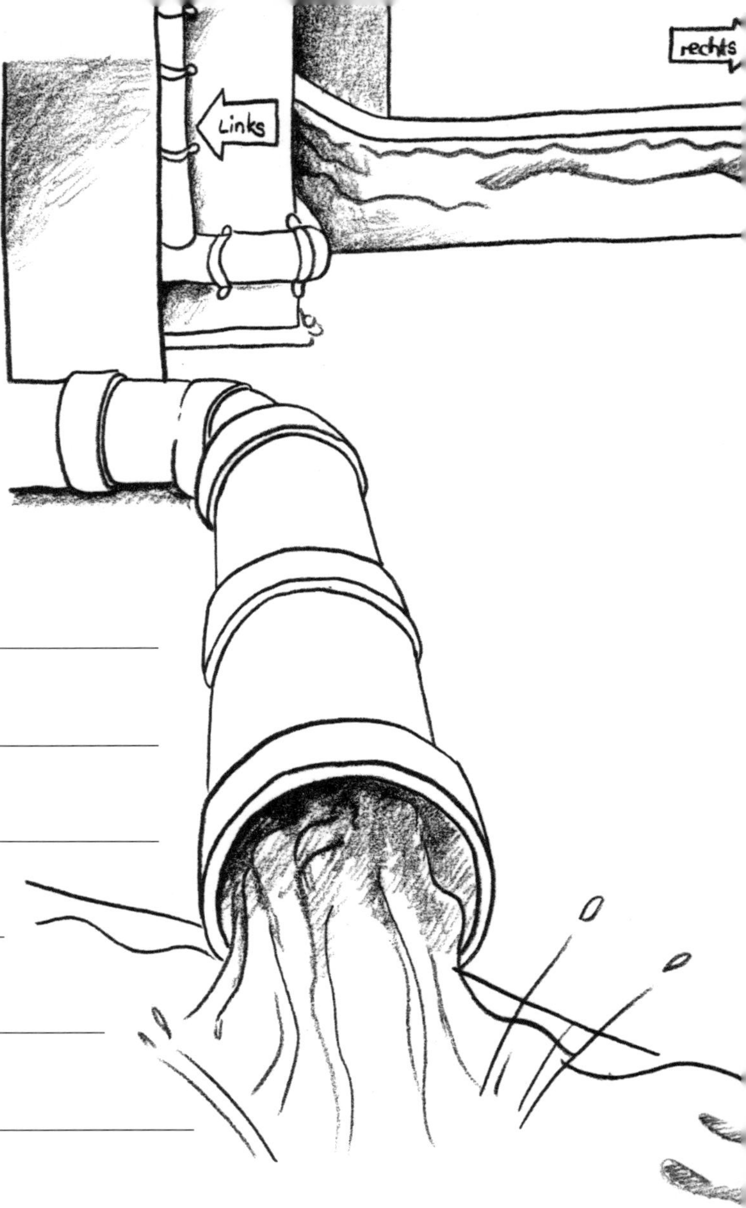
Links
rechts

OBEN
Unten
Trink mich!

Alte Gasse
..Untergrund..

Neue Gasse
..Untergrund...

Eintritt
ROCK
konzert
Brombeer
quark
Mini
Puzzle

ROCK
Konzert
HALLO

Zeugnis
Rechnung
784210,-

ch e a pf u Sch ei tz s

A B C D E F G
Fenster
Tafel
Vase
5+7=
8-2
H

H I J K L M N O
Drache

Name
Adresse
Sport

Abfall

Zahnarzt
lecker

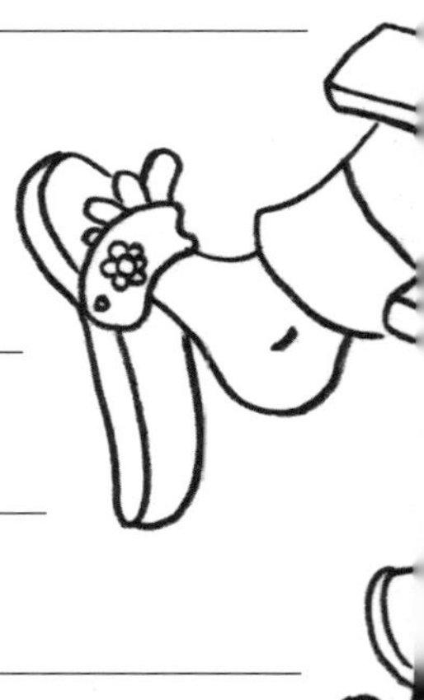

- Auto
- Buch
- Baukasten
• Roller
• Buch
• Pferd

Nicht vergessen
MILCH
Brot
KÄSE
BUTTER

Krippenspiel
heute
9. Dez. 18⁰⁰ Uhr

Würstchen

appy
New
Year

Schatten-
weg

Metzger
Kirchplatz
E
B
S
T

A
R
E

T
H

Ratte

B K O T Ü L E

Niki de Saint Phalle
3. Februar - 5. Mai
Museum Glockenweg 12
Podiumsdiskussion:
Aschermittwoch
leider alles vorbei ?
M S P

N_ki de _aint_halle
1930-2002
_iesige tanzende N_na

löscher

Lisa
vergiss
Zora
der kleine
Drache

Fakir
Diese Woche
Mittwoch 20°° Uhr
DAS BACKDUELL
Hab ich schon L.

Schulweg

Vorsicht!
Bissiger
HUND

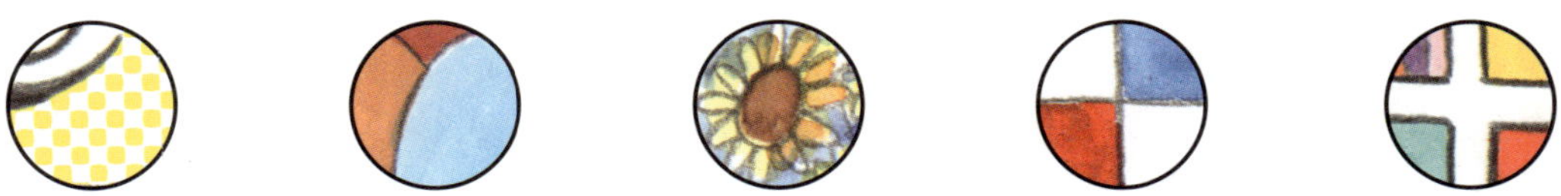

Roy Lichtenstein | Pablo Picasso | Vincent van Gogh | Piet Mondrian | Andy Warhol

Rathausweg
Vorsicht! Von Kindern fernhalten!

Kanaldeckel
Aufgang Süd
Erbsen
extra fein

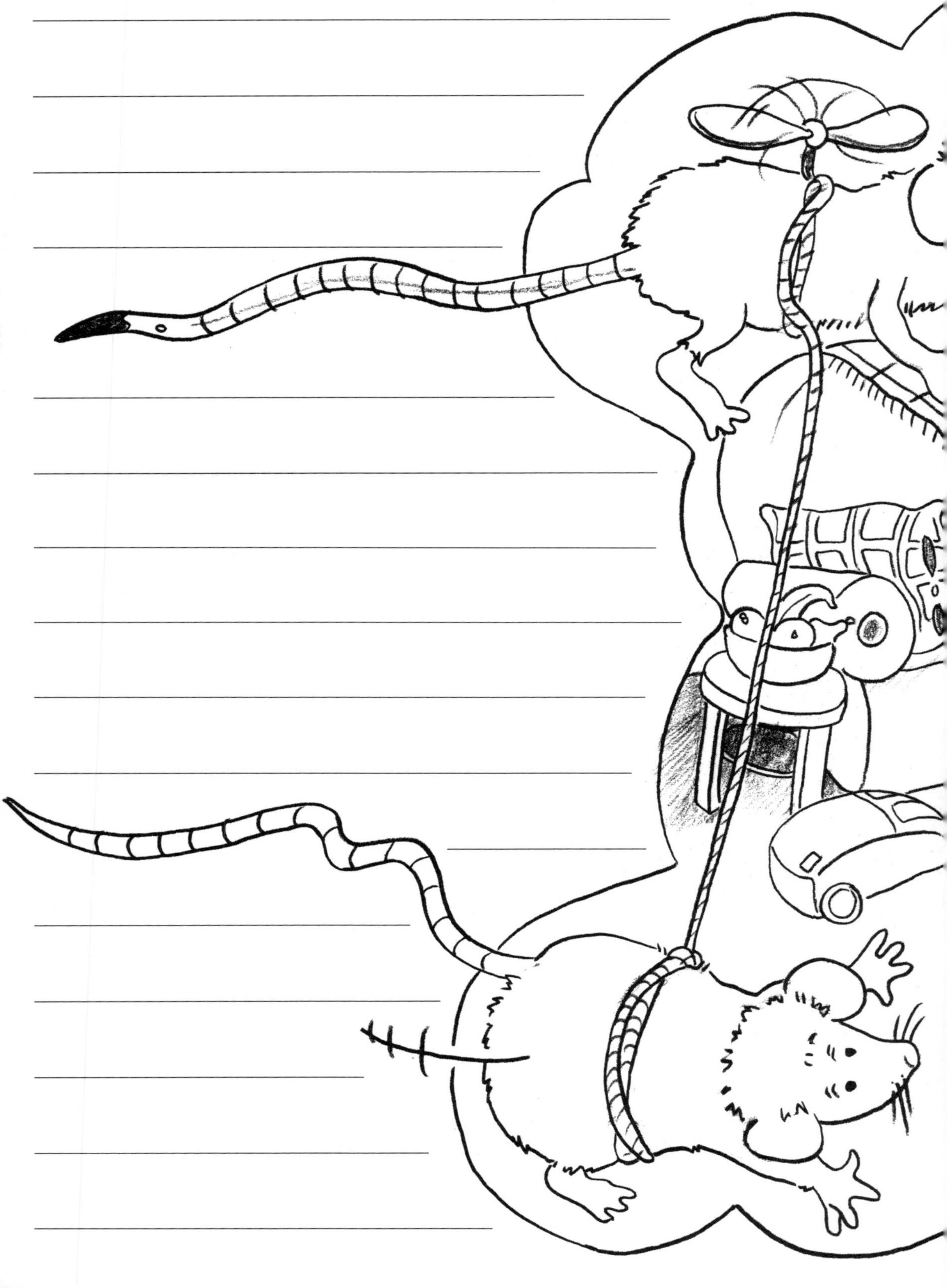

zu Gast IM ZOO
DRAUSSEN SPIELEN!
Mo
Di
Mi
Do
Fr
1
2
3
4
5
Lustiges Fest Fest
Sssss

AKTUELL
UNSER ZOO
UNSERE TIERE
Ein Tag im Zoo
besuch den Zoo

Zoo
tierisch gut
Willkommen
im Zoo
chs
Tiere Tiere Tiere
zoologische
Untersuchung
Computer
BILDER VOM ZOO
ZOO
Eintritt
Erwachsene
Zoo!

ZOO-EINGANG
Herzlich Willko
Futter spende

Preise

Elef

Affen
Känguru

Affenhaus

Nette
Tiere sind herzlich willkommen!